KB018852

대통령
문재인
명연설

필사노트

문재인